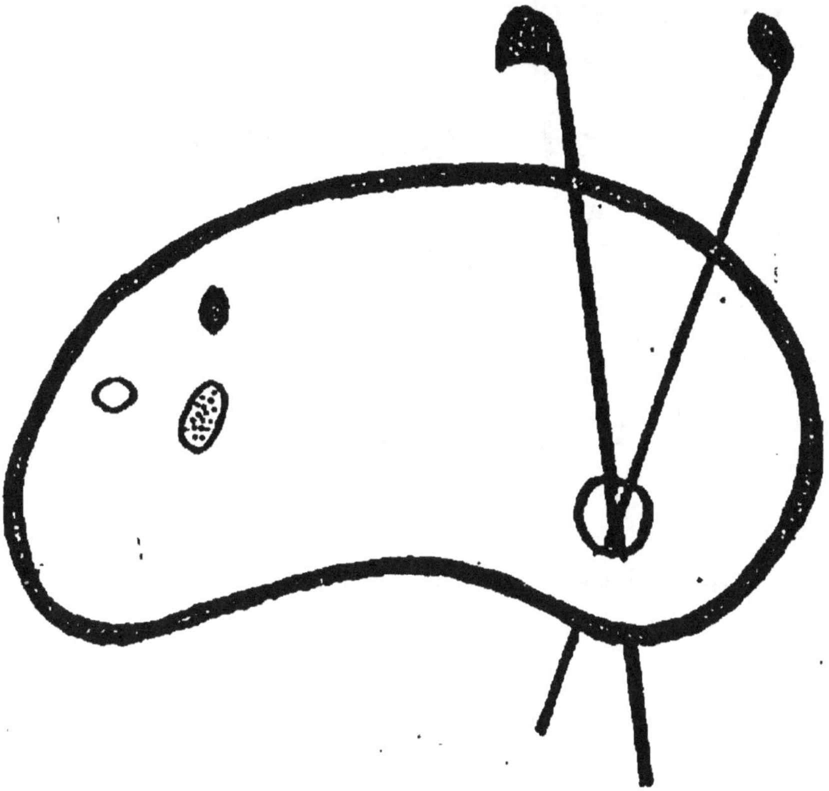

DEBUT D'UNE SERIE DE DOCUMENTS
EN COULEUR

IMPRESSIONS ET SOUVENIRS

UNE MISSION

A LASSAY

1897

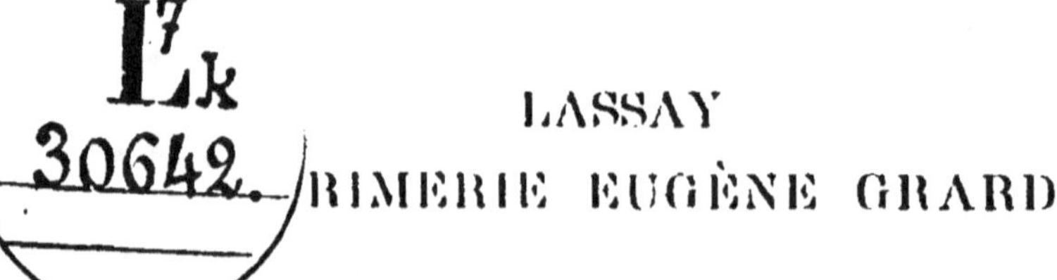

LASSAY
IMPRIMERIE EUGÈNE GRARD

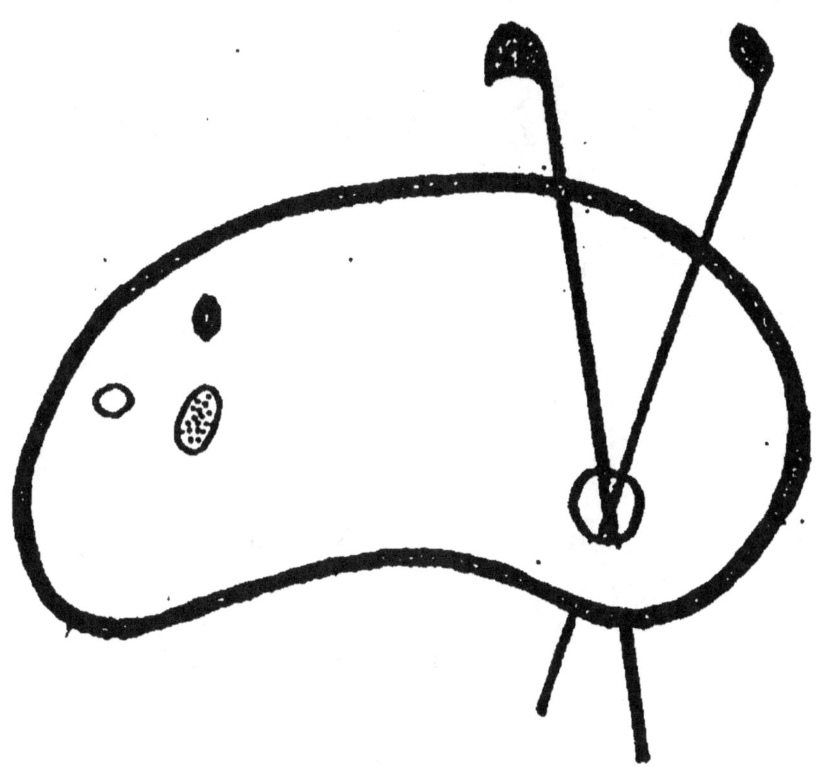

FIN D'UNE SERIE DE DOCUMENTS
EN COULEUR

IMPRESSIONS

ET SOUVENIRS

UNE MISSION

A LASSAY

1897

LASSAY

IMPRIMERIE EUGÈNE GRARD

BONNE NOUVELLE

Une mission à Lassay!... M. le Curé vient de l'annoncer à ses paroissiens. Ils s'en réjouissent d'autant plus qu'ils la désiraient ardemment.

Mais d'où viennent les missionnaires? Quel costume portent-ils? Voilà ce que tout le monde se demande.

La réponse ne se fait pas attendre.

Dès le 18 mars, tout chef de famille recevait la lettre suivante :

Pontmain, le 16 Mars 1897.

M.

Votre excellent Curé, désirant procurer à ses paroissiens la grande grâce d'une mission, a bien voulu s'adresser à la Maison de Pontmain.

Heureux de pouvoir répondre à cet appel, notre vénéré Supérieur, le R.-Père REY, qui déjà connait

Lassay et nous a fait de ses habitants le plus grand éloge, vient de nous désigner pour aller annoncer, dans votre ville, la parole de Dieu.

Encore quelques jours, et nous serons au milieu de vous, n'ayant au cœur qu'un désir : nous faire tout à tous et travailler de toutes nos forces au bien des âmes de nos frères.

Les exercices de la mission s'ouvriront dimanche prochain, 21 mars, à la grand'messe.

Nous aimons à croire que vous voudrez bien nous faire le plaisir et l'honneur d'y assister, vous et les membres de votre famille.

Daignez, M   , recevoir avec nos plus respectueuses salutations l'assurance de notre entier dévouement en Notre Seigneur Jésus-Christ.

Edmond THIRIET,
Paul SOUILLARD,
Oblats de Marie-Immaculée.

Ils sont à l'œuvre

Hier samedi, 20 mars, nos missionnaires sont arrivés à Lassay. Enfin on les a vus. Tous deux jeunes, vigoureux, ils paraissent de taille à faire bonne besogne. Pourtant on désire les entendre. Aussi est-on venu en grand nombre assister à la cérémonie d'ouverture.

Les cloches chantent déjà le refrain qui, jusqu'à la fin de la mission, retentira sous les voûtes du temple et dans les rues de la cité :

> *Accourez, peuple fidèle,*
> *Venez à la mission.*
> *Le Seigneur qui vous appelle*
> *Veut votre conversion.*

Le clergé paroissial est allé processionnellement chercher les missionnaires au seuil du presbytère. Voilà que le cortége arrive dans l'église. Avec ses riches tentures, ses nombreuses et élégantes oriflammes, elle présente déjà un coup d'œil superbe! Les bons Pères s'avancent en habits de voyage. L'un d'eux porte entre les mains un grand Crucifix, l'image de Celui qui voulut mourir dans son humanité pour le salut du monde.

Ils se sont agenouillés au pied de l'autel, pour recevoir la bénédiction du pasteur de la paroisse. Et quand un instant après, le chef de la mission nous rappelle, avec des accents vraiment apostoliques, ce que c'est qu'une mission et quelles graces de choix elle apporte aux ames de bonne volonté, je sens la plus douce émotion gagner mon cœur, et dans un sentiment de reconnaissance et de joie, je me redis à moi-même ces paroles inscrites sur deux oriflammes de mission :

Voici le temps favorable.
Voici les jours de salut.

Les Visites

Les missionnaires, on les a vus, on les a entendus. Très bien! mais à l'église seulement. Voici que nous allons être à même de les voir de plus près. Le chef de la mission nous annonce, dès le premier jour, leur intention de faire des visites à domicile. Ils doivent commencer demain matin par la rue *Dorée*. Ménagères, ne l'oubliez pas!...

Les Pères ont tenu parole: il n'est pas encore neuf heures, et les voilà qui parcourent les rues de la cité, se présentant de maison en maison sans en oublier aucune. Au pauvre comme au riche ils serrent cordialement la main, pour chacun ils ont un mot aimable.

Comme ces visites du missionnaire font plaisir à une population chrétienne !... Comme elles disposent les plus indifférents à venir entendre la parole de Dieu !... Comme elles préparent des conversions !...

— Savez-vous, mon Père, dira plus tard un retardataire au chef de mission, savez-vous ce qui m'a décidé tout de suite à venir vous trouver ? Eh bien ! C'est cette parole que vous avez dite à M. l'abbé, en me frappant sur l'épaule : « Tenez, M. l'abbé, voilà un vieux renard qui fera sa mission ! »...

Qu'ailleurs des populations, indignement trompées, regardent le prêtre comme l'ennemi, qu'elles le fuient, c'est possible ! Mais à Lassay, on a plus d'esprit. Dans le prêtre, les Lasséens voient un enfant du peuple comme eux, un ami avec lequel ils aiment à se trouver, à s'entretenir.

Aussi partout les missionnaires ont reçu le plus bienveillant accueil. Pour leur faire honneur, chacun avait tenu à rendre sa demeure encore plus proprette. Et une chose qui les a profondément touchés, c'était de voir dans toutes les maisons et à la première place, le Crucifix ou une statue de la Vierge.

Heureux Débuts

Dès les premiers jours de la mission, toute la population est venue, recueillie, attentive, se grouper autour de la chaire de vérité. Dans une mission il faut de l'entrain, et pour qu'il y ait de l'entrain, il faut que l'on chante, que tout le monde chante.

Les missionnaires avaient apporté plus d'un millier de cantiques. Ces cantiques trouvent tout de suite qui les réclame, qui les reçoit avec reconnaissance. Et c'est vraiment un beau et réconfortant spectacle que cette masse d'hommes et de femmes chantant avec cœur sous les voûtes du temple pour louer Dieu et affirmer leur foi !...

Ce qui arrête aujourd'hui une foule d'âmes dans le chemin du devoir, c'est le respect humain, cette pleutrerie qui porte les honnêtes gens à rougir de faire le bien. A Lassay, la mission à peine commencée, on foule bravement aux pieds le respect humain : c'est de bon augure !...

Conférences dialoguées

Dans nos églises, les conférences dialoguées ont toujours le don d'attirer beaucoup de monde, et faites par des hommes de talent et de tact, elles produisent le plus grand bien. L'auditoire, curieux de voir comment le prédicateur va répondre à l'objection, à la difficulté de celui qu'on est convenu d'appeler dans la circonstance *l'avocat du diable*, est sans cesse tenu en éveil. Aussi que de préjugés elles dissipent !... Que de vérités elles jettent dans les âmes, elles y fortifient !...

La Confession

Ce soir jeudi, 25 mars, doit avoir lieu la première conférence dialoguée. Les paroissiens de

Lassay n'ont peut-être jamais assisté à une prédication de ce genre. Le P. Thiriet l'annonçait hier comme devant être tout à fait intéressante.

Aussi c'est dans une église comble que l'exercice commence. Les gens n'ont pas souvenir d'avoir vu ici pareille affluence.

Le P. Souillard fait *l'avocat du diable.*

— A Lassay, dit-il en débutant, les barbiers ne manquent pas, je le sais bien, n'empêche que ce soir moi aussi je veux raser, non pas les gens de Lassay, mais la confession...

Et avec une verve toute parisienne et digne d'une meilleure cause, *l'avocat du diable* se met à servir au P. Thiriet toutes les objections anciennes et nouvelles que de prétendus malins s'en vont débitant contre la confession.

L'avocat du diable : Aller à confesse, et pourquoi ? D'abord il n'en est pas question dans l'Evangile.

Le Prédicateur : Vous n'avez donc pas lu le saint Evangile ?

— C'est ce qui vous trompe.

— Alors c'est un Evangile tronqué. Vous arrivez de Jersey par le *dernier bateau,* vous n'avez dû voir qu'une bible protestante, ou vous avez déchiré quelques pages de votre Evangile.

Ouvrez l'Evangile selon Saint-Jean au chapitre XXe. Voici les paroles que Notre-Seigneur adresse à ses apôtres et en leur personne à tous les prêtres : *Comme mon Père m'a envoyé, moi à mon tour je vous envoie. Recevez le Saint-Esprit, les péchés seront remis à qui vous les remettrez et ils seront retenus à ceux à qui vous les retiendrez.* En d'autres termes, Jésus-Christ, Dieu et homme tout ensemble, maître absolu de pardonner ou de ne pas pardonner au pécheur, établit le prêtre juge des consciences. Le prêtre, représentant de Dieu sur la terre, devra donc porter une sentence d'acquittement ou de condamnation, non pas certes à tort et à travers, mais seulement en connaissance de cause ; et comment pourra-t-il juger à bon escient, si les coupables eux-mêmes ne viennent, par la confession, lui découvrir le fond de leur cœur ! Aussi la confession, telle qu'elle se pratique aujourd'hui, a-t-elle toujours été en usage dans l'Eglise, pour les prêtres et les fidèles.

Donc c'est bien dans l'Evangile. Je vais plus loin: supposé même qu'il n'en fût pas question dans l'Evangile, la tradition, c'est-à-dire la pratique de l'Eglise depuis dix-huit siècles, prouve clair comme le jour l'institution divine du sacrement de Pénitence.

L'avocat du diable : Mais ce sont les curés qui ont inventé la confession !...

Le Prédicateur : Les curés qui ont inventé la confession !... Dans tous les cas, mon bien cher, ce n'est pas vous. Quoique parisien *authentique* et *docteur* sur toutes les coutures vous n'avez pas encore assez d'esprit pour cela.

— Possible! mais d'autres plus malins que moi !.

— Des curés inventer la confession ! mais, mon bon, ils auraient commencé par s'en exempter. Et puis pour quel avantage !... Passer une partie de sa vie entre quatre planches à entendre toujours en résumé les mêmes misères. S'en aller à toute heure du jour et de la nuit au chevet des mourants, voire même des pestiférés !... Enfin voyons ! si c'est un curé, qu'on nous cite son nom, l'époque, le pays où il vécut. Mais non, l'histoire, et pour cause, se tait !... Dieu seul a pu imposer à l'homme une telle obligation et la faire accepter comme planche de salut.

L'avocat du diable : Dieu n'a pas pu nous obliger à une pratique ridicule. Et il est ridicule d'aller s'agenouiller au pied d'un prêtre qui, après tout, est un homme comme un autre.

Le Prédicateur : Vous en parlez à votre aise !

Le garde-champêtre est un homme comme un autre !... Le magistrat est un homme comme un autre !... L'officier est un homme comme un autre !... Le Président de la République est un homme comme un autre !... Qui oserait le prétendre ? Et ne reconnaissez-vous pas en eux un caractère qui les distingue de leurs concitoyens et leur confère des droits spéciaux ?...

Le prêtre est un homme comme un autre ?

Oui et non. Il a même nature, mêmes besoins, mêmes infirmités. Et remerciez Dieu qu'il en soit ainsi : un ange n'aurait pas compris vos défaillances. Et pourtant non, ce n'est plus un homme comme un autre, c'est un autre Jésus-Christ. « *Sacerdos alter Christus.* »

Et l'orateur, avec une émotion qui impressionne vivement l'auditoire, nous dit ce qu'est le prêtre, cet homme que, pour le bien de nos âmes, Dieu a fait son représentant officiel, le dépositaire de son autorité sur la terre. En sorte qu'aller s'agenouiller aux pieds d'un prêtre, c'est aller s'agenouiller aux pieds de Dieu, de Dieu qui ratifie toujours la sentence portée par son prêtre au Saint Tribunal de la Pénitence. « *Sacerdos alter Christus.* »...

L'avocat du diable a multiplié les objections, réfutées victorieusement les unes après les autres.

Des anecdotes, des traits piquants, des histoires humoristiques agrémentaient les réponses tout en faisant pénétrer dans les intelligences d'excellentes vérités.

L'histoire de Nicolas Fayaux a obtenu un réel succès.

Nicolas Fayaux était plâtrier de son état. Au bon père capucin qui le pressait de faire sa mission, papa Nicolas répondait invariablement : mon Père, je ne demanderais pas mieux que de vous faire plaisir; mais, Dieu merci, je n'ai ni tué ni volé, et je n'ai rien à dire à confesse.

— Vous n'avez rien à dire, mon bon ! mais vous êtes un saint, un vrai saint, je vous félicite ! Sur ce, le missionnaire tend la main au plâtrier et le quitte, méditant un tour de sa façon.

Une heure ne s'était pas écoulée que Nicolas Fayaux voit arriver chez lui son curé.

— Bonjour ! père Nicolas.

— Serviteur ! M. le Curé.

— Etes-vous bien pressé de ce temps-ci ?

— Moyennement, M. le Curé, moyennement.

— Eh bien, voilà ! j'ai dans mon église une niche dans laquelle je désirerais placer un saint. Mais auparavant, cette niche aurait besoin d'une petite réparation. Pourriez-vous faire cela, cette après-midi ?

— Mais parfaitement, M. le Curé, parfaitement.

Et Nicolas, portant sur l'épaule une longue échelle, ne tarde pas à partir pour l'église où se trouvait *par hasard* le capucin.

Notre plâtrier, sans défiance, dresse son échelle contre le mur, et pour se rendre mieux compte de la réparation à faire, le voilà dans la niche.

—Mon brave, lui dit le capucin, qui vient de retirer prestement l'échelle, vous êtes un saint, un vrai saint, et comme nous en avions besoin d'un pour mettre dans cette niche, c'est vous que nous avons choisi.

— Mais, mon Père, vous voulez rire. Je vous en prie remettez l'échelle !...

Le capucin s'en garde bien, et vite il court sonner la cloche.

Les gens d'arriver.

— Eh bien ! voyez-vous ce nouveau saint qu'on vient d'installer dans sa niche ?

— Nicolas FAYAUX un saint ! Ah bien oui ! clame Jean LÉVEILLÉ son voisin. Et les deux lapins qu'il a volés à la mère RICARD il y a huit jours, et dont il a monté la peau dans son grenier !...

— Nicolas FAYAUX un saint ! s'écrie le maçon BRUANT, tout en s'administrant une prise de tabac grosse comme une taupinière, allons donc ! Qu'il commence d'abord par payer ses dettes...

Puis c'est le tour de la femme de Nicolas : le Nicolas un saint ! masigotte de masigotte ! quel drôle de saint. Dites donc plutôt un ivrogne... Un saint ! lui qui, quand il est en ribote, tempête, jure comme un possédé et qui me bat comme de la bique. Dieu de la vie quel drôle de saint !...

C'est ainsi que le pauvre Nicolas dut subir une confession publique.

Et chacun de conclure avec le missionnaire :

En ce monde, messieurs, que de Fayaux !

Réunions d'hommes

Trois autres conférences dialoguées ont produit, au cours de la mission, les plus heureux résultats. Elles ne manquaient pas d'attirer, chaque fois, un auditoire de plus en plus nombreux et sympathique. On s'accordait à dire : c'est là le *clou* de la mission. Pour assister à cette joute des missionnaires, on accourait même des paroisses limitrophes. Aussi plusieurs femmes ne parurent qu'à demi satisfaites quand elles surent que les hommes seuls étaient admis à deux de ces conférences. On a beau être excellente chrétienne, on n'en reste pas moins fille d'Eve. Témoin la mère *Tambour* dont nous parlait le P. Thiriet, avec cette pointe de malice qui lui va si bien...

Comme ils étaient heureux et fiers ces braves chrétiens de voir réfuter, de main de maitre, ces objections que des philosophes en sabots, que de petits freluquets débitent à tout venant contre la religion. Désormais nous saurons ce que valent les sornettes de tous ces Voltaires au petit pied.

Réconfortante pour tous a été cette doctrine qui nous rappelle nos devoirs d'hommes et de soldats du Christ. Et les doutes qui peuvent s'élever autour de nous tombent bien vite au contact de cet enseignement clair et limpide de la vérité. Si plus tard des nuages viennent obscurcir notre intelligence, il nous suffira d'avoir recours à la science du prêtre.

En définitive, il est juste de convenir avec notre compatriote Volney, pourtant si peu dévot, qu'on n'est athée qu'au coin du feu, et pas quand la foudre gronde. Puisque la religion est nécessaire au moment du danger, pourquoi la mépriser pendant toute sa vie ? Évidemment les hommes qui ne veulent pas de la religion ou qui s'en moquent, ont des raisons inavouables pour agir ainsi. Boumeu, académicien d'élite du siècle dernier, l'avouait sans détour au P. de la Berthonie, qu'il avait fait appeler avant de paraître devant Dieu. « Je n'ai été incrédule, lui disait-il, que parce que j'étais corrompu. Ne prenez pas la peine de me prouver la divinité de la religion catholique : *C'est mon cœur plus que mon esprit qui a besoin d'être guéri.* »...

Que les mauvais journaux ne cessent de rabâcher les vieilles rengaines, ils n'entameront pas notre foi.

Non, quoi qu'ils en disent, cette religion n'est pas une religion d'argent! On nous l'a prouvé comme deux et deux font quatre.

Cette religion, nous l'aimerons, parce qu'elle nous préserve de tous les vices qui dégradent l'homme, la famille, la société!

Nous l'aimerons, parce qu'elle nous conduit par la main vers le ciel, en nous faisant éviter l'enfer!

Nous l'aimerons, parce que, seule, elle nous donne le bonheur sur la terre, et nous procure l'assurance de l'éternelle félicité!

Elle a béni notre berceau, elle bénira notre tombe!...

Fête des Enfants

Délicieuse réunion qui charme l'œil et réjouit le cœur! Des centaines d'enfants, au visage radieux, à la mine souriante, emplissent l'église à l'heure des vêpres. Les bébés aux bras de leurs mères, leurs frères et leurs sœurs groupés aux pieds de la Madone. Ils portent des couronnes, des fleurs, des rameaux verts enguirlandés de rubans aux couleurs variées.

Le soleil est de la fête. Dans les rues de la ville, la procession se déroule, offrant un aspect ravissant. Rien de plus touchant que ces voix enfantines jetant à tous les échos ce refrain :

Accourez, peuple fidèle,
Venez à la mission.

Au retour, dialogue animé, parfois enthousiaste, entre le missionnaire et les enfants. Tous en chœur lui promettent de toujours aimer le bon Dieu et leurs parents.

Alors, sur un signe du Père, tout ce petit monde est debout, les yeux fixés sur la Vierge qui semble sourire et agréer l'offrande des cœurs et des couronnes :

> *Bonne Marie,*
> *Je te confie*
> *Mon cœur ici-bas,*
> *Tiens ma couronne*
> *Je te la donne ;*
> *Au ciel, n'est-ce pas !*
> *Tu me la rendras.*

Enfin, aux enfants, qui viennent de recevoir la bénédiction du Fils et de la Mère, le P. Thuet demande :

Voulez-vous me faire une commission ?

— Oui, m'sieu !

— Eh bien ! écoutez : ce soir, en rentrant, vous embrasserez vos parents, et vous leur direz : papa, maman, j'ai fait ma mission, à vous de faire la vôtre !...

— Est-ce compris ?

— Oui, m'sieu !

— Bien sûr ! Et vous ferez tous ma commission !

— Oui, m'sieu ! Oui, m'sieu !

— C'est très bien ! Parce que vous avez été sages et que vous ferez tous ma commission, voici de belles médailles et des images que vous garderez en souvenir de cette fête.

Délicieuse cérémonie, qui ouvre les âmes aux salutaires impressions de la grace !...

Ce brave M. X... était, depuis de longues années,

en retard avec le bon Dieu. Une gentille petite fille de 8 ans lui a dit: bon papa, tu sais, moi j'ai fait ma mission, à toi maintenant de faire la tienne... M. X..., heureux, rajeuni, accomplissait cranement son devoir le dimanche de Pâques.

Une autre avait le bonheur d'amener son père au confessionnal, et, toute joyeuse, par son sourire semblait dire au missionnaire: Voyez ! comme j'ai bien fait ma commission...

Fête de la Vierge

Lassay peut se flatter d'avoir une dévotion spéciale pour la sainte Vierge. On l'a constaté quand le missionnaire a demandé aux fidèles de concourir à une illumination en l'honneur de la bonne Mère. Les pauvres aussi bien que les riches ont apporté avec empressement leur offrande.

Sur un magnifique reposoir domine la gracieuse statue de Marie, entourée de fleurs, de lumières, d'oriflammes. On a mis la dernière main à la décoration de l'église. Trente lustres, de nombreux candélabres, qui s'allument instantanément, forment une auréole de gloire autour de la Madone.

Au pied du trône de Marie, une couronne de petites filles en blanc ; dans la nef, le transept et le chœur, toutes les places occupées.

Une foule compacte écoute, avec attendrissement, l'orateur célébrer, d'une voix émue, les gloires et les bontés de Celle qui, à Pontmain, nous disait:

Mais priez mes enfants Dieu vous exaucera en peu de temps.
Mon Fi's se laisse toucher.

A coup sûr, Marie a daigné agréer la consécration de toutes ces âmes que le pasteur confiait à sa maternelle protection.

Qu'Elle garde toujours notre cité !

Puissions-nous rester dignes de ses faveurs !...

Fête des Morts

C'est une bonne pensée de prier pour les morts. Pendant la mission, nos chers défunts ont eu un souvenir spécial. Et si nos prières ont ouvert à quelques-uns les portes du ciel, la visite au cimetière a ravivé dans bien des âmes de salutaires impressions.

Je vois encore ce catafalque surmonté d'une grande croix noire sur laquelle se détache un blanc linceul. J'entends l'écho de ces graves avertissements que donne la mort, et le missionnaire nous redire qu'il faut être prêt. Elle est là, elle guette sa proie, elle vient sans s'annoncer et emporte sa victime... Hélas ! la semaine suivante, trois morts subites ne confirmaient que trop cette vérité.

Après les vêpres des morts, la procession se rend au cimetière, au chant du cantique :

A la mort, à la mort,
Pécheur, ce temps viendra,
A la mort, à la mort,
Tout finira.

Là, debout, sur le piédestal de la grande croix de pierre, le P. Thimier nous parle de nos chers disparus :

Où sont-ils ceux que vous avez connus et aimés ? Ils descendaient avec vous le chemin de la vie, la mort les a frappés. Où sont-ils ?...

Si du fond de la tombe ils pouvaient vous parler que vous diraient-ils ?

: Pensez à vous... Pensez à nous... *Miseremini mei!...*

Des larmes silencieuses trahissent l'émotion de l'auditoire.

Je défie l'homme le plus sceptique, le plus blasé, de rester indifférent en face d'un pareil spectacle !

Couronnement de la Mission

D'après le vieux proverbe *finis coronat opus* la fin couronne l'œuvre, on peut dire que la mission a été excellente puisqu'elle a produit des résultats si consolants.

Après la fête de l'enfance, avec ses charmes printaniers ; après la fête des morts, avec ses mystérieuses leçons ; après la fête de la Vierge, si délicieuse pour des fils qui aiment tendrement leur Mère ; après la fête du saint sacrement, si impressionnante dans sa majestueuse simplicité ; après les conférences dialoguées et les réunions d'hommes et de femmes ; après les réunions spéciales pour les mères chrétiennes et les enfants de Marie, voici que les missionnaires vont recueillir les fruits de leur incessant labeur.

Que de brebis les bons Pères ont eu la consolation et la joie de ramener au bercail !...

Le dimanche des Rameaux, toutes les femmes de la paroisse — ou à peu près car très rares sont les abstentions — reçoivent, dans un cœur purifié et transformé par la grâce de la mission, Jésus-Hostie.

Au grand jour de Pâques, cinq cents hommes,

au moins; chantaient l'*alleluià* de la résurrection, et s'agenouillaient à la table sainte pour recevoir, à leur tour, le Dieu de leur première communion.

Lassay ne l'oubliera jamais !...

A l'heure des adieux, les missionnaires nous conjuraient de persévérer dans le bien et de rester fidèles jusqu'à la mort : c'est pour nous un devoir de reconnaissance et d'honneur.

La promesse en a été faite, au nom de la paroisse tout entière, par notre vénéré pasteur. Cette promesse, avec la grâce de Dieu, nous la tiendrons !...

....

Et maintenant ils sont passés les beaux jours de la mission !

Les hommes de Dieu, qui, quatre semaines durant, nous ont évangélisés avec tant de cœur et de talent, continueront sur d'autres théâtres leur œuvre de zèle et d'apostolat. Ici-bas les reverrons-nous ? Jamais peut-être !... Mais, à ces vaillants ouvriers du Christ nous gardons une éternelle reconnaissance ; et, du fond de l'âme, nous leur disons : soyez bénis !...

Lassay, le 21 Avril 1897.

Lassay. — Imprimerie-Librairie E. GRARD.

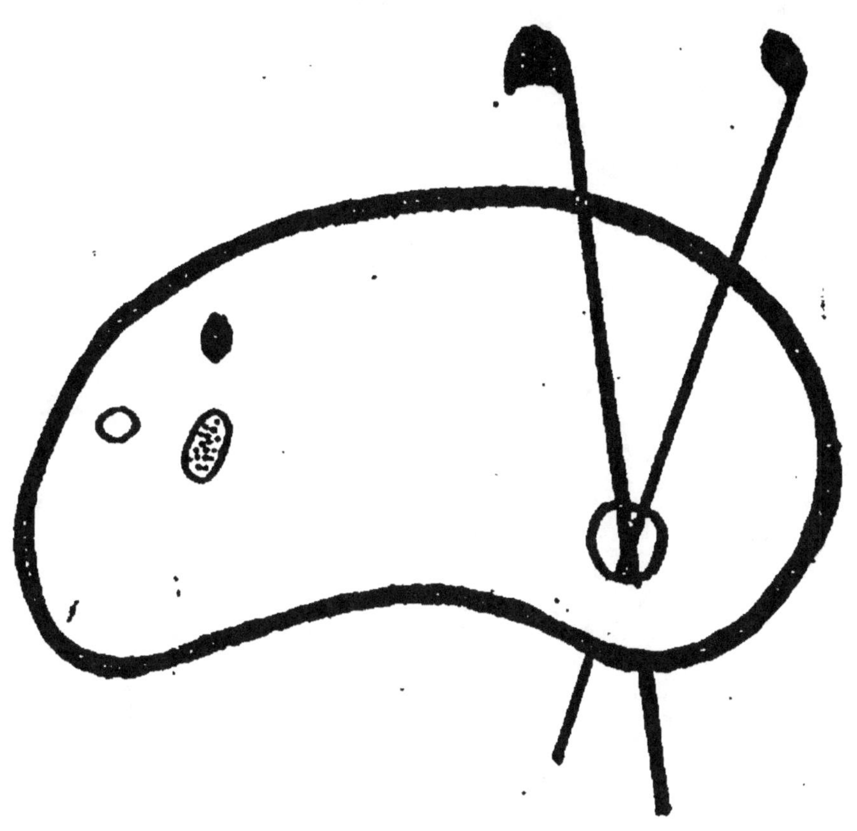